Artistes | numéro 45

BRUEGEL L'ANCIEN
OU « PAYSAN BRUEGEL »

— Au cœur du folklore des anciens Pays-Bas

par Delphine Gervais de Lafond

50MINUTES

Avec la collaboration de Julie Piront

BRUEGEL L'ANCIEN

- **Nom ?** Pieter Bruegel (ou Brueghel) dit Bruegel l'Ancien.
- **Naissance ?** Né entre 1525 et 1530 près de Bréda (Pays-Bas).
- **Mort ?** Décédé le 9 septembre 1569 à Bruxelles.
- **Contexte ?** La Renaissance flamande.
- **Œuvres majeures ?**
    - *Le Combat de Carnaval et Carême* (1559)
    - *Les Proverbes flamands* (1559)
    - *La Tour de Babel* (1563)
    - *Les Chasseurs dans la neige* (1565)
    - *Le Repas de noces* (vers 1568)

Sous les surnoms de « Bruegel le drôle » ou « paysan Bruegel » se cache le plus grand représentant de la Renaissance flamande du XVIᵉ siècle : Bruegel l'Ancien. Discret, érudit, un brin espiègle, ce nouveau Jérôme Bosch (1450-1516) emmène le spectateur au cœur de la vie quotidienne au temps de Charles Quint (1500-1558).

Avec son bestiaire fantastique, ses traditions paysannes et ses coutumes pittoresques, c'est tout le folklore des anciens Pays-Bas qui se trouve emprisonné dans les tableaux du maître hollandais. Celui-ci excelle dans la représentation réaliste de sujets populaires qu'il traite avec humour et dérision. Mais derrière la fable amusante se cache un message moral empreint de valeurs humanistes que seul le spectateur aguerri pourra déchiffrer.

Son style novateur et son esprit caustique en font un artiste singulier, à la fois héritier de la tradition flamande et résolument moderne. Des paysages enneigés aux visions diaboliques d'inspiration boschienne, en passant par de truculentes scènes villageoises, Bruegel l'Ancien renverse les codes picturaux et révolutionne la peinture de genre, marquant à jamais l'histoire de l'art occidental.

ANVERS AU XVIᵉ SIÈCLE

Au XVIᵉ siècle, Anvers se situe dans le duché de Brabant, qui appartient aux Pays-Bas bourguignons, un vaste territoire constitué de 17 provinces comprenant le Nord de la France, les Pays-Bas actuels, la Belgique (à l'exception de Liège) et le Luxembourg. La ville est alors sous l'autorité de l'empereur Charles Quint, héritier de la dynastie des Habsbourg. Sous son règne, Anvers connaît un formidable envol économique et financier, notamment grâce à l'essor de l'imprimerie, à la création d'une bourse centrale et au commerce des épices via le Portugal – à cette époque, la ville est le premier port mondial, ce qui en fait l'une des plus grandes plaques tournantes du commerce international. Mais Anvers est également un centre culturel et artistique majeur de l'Europe du Nord, supplantant sa principale rivale, Bruges. Le marché de l'art y est particulièrement prospère et les artistes y affluent des quatre coins du pays. Deuxième ville la plus peuplée après Paris avec 100 000 habitants, Anvers compte une centaine d'artistes en activité au milieu du XVIᵉ siècle.

Toutefois, la situation politique et religieuse de la ville s'assombrit peu de temps après l'abdication de Charles Quint en 1555. Le souverain affaibli laisse le royaume, qui prend alors le nom de « Pays-Bas espagnols », à son fils, Philippe II d'Espagne (1527-1598), mais ce fervent catholique est mal perçu par une partie de la population convertie au protestantisme. En 1566, une révolte iconoclaste (une série d'émeutes menée par les protestants à l'encontre des symboles catholiques) exacerbe les tensions religieuses. Philippe II envoie alors une armée à Bruxelles pour mettre fin à l'insurrection. Le duc d'Albe (1507-1582), qui dirige les opérations, outrepasse ses fonctions en ordonnant l'exécution sur la place publique des comtes d'Egmont (1522-1568) et d'Horne (1524-1568) pour haute trahison, sans procès préalable. Déclenchant un déferlement de haine envers la politique de Philippe II, cet épisode sanglant annonce le début de la guerre de Quatre-Vingts Ans (1568-1648), également appelée révolte des Pays-Bas ou encore révolte des gueux, qui provoque la scission du territoire. En 1579, les sept provinces, à majorité protestante, situées au nord du pays se libèrent de la domination des Habsbourg pour former la république des Provinces-Unies, tandis que les dix provinces méridionales (comprenant les villes d'Anvers et de Bruxelles) resteront sous l'autorité espagnole et catholique jusqu'au XVIIIe siècle.

L'HÉRITAGE DES PRIMITIFS FLAMANDS

Au XVe siècle, la Renaissance, née en Italie, gagne peu à peu l'Europe du Nord, notamment les Pays-Bas, donnant lieu à une véritable Renaissance hollandaise sur le modèle italien. Tournai, Gand, Bruxelles, Bruges et Anvers deviennent d'importants foyers culturels. Ceux que l'on appelle les « primitifs flamands », une génération de peintres nés entre la fin du XIVe siècle et le milieu du XVe siècle, révolutionnent la peinture à la fois d'un point de vue technique et esthétique. Robert Campin (vers 1375-1444), Jan Van Eyck (vers 1390-1441), Rogier Van der Weyden (vers 1399-1464), Hans Memling (vers 1430-1494), Hugo Van der Goes (vers 1440-1482) ou encore Jérôme Bosch (vers 1450-1516) sont à l'origine d'un véritable bouleversement artistique.

Sous l'influence de l'humanisme, les primitifs flamands rejettent le symbolisme de l'art gothique pour une conception plus réaliste et profane du monde. Ils s'intéressent à la vérité psychologique de leurs personnages et accordent une nouvelle attention aux détails. L'art n'est plus seulement un moyen d'exprimer la suprématie de Dieu sur l'homme, mais il s'agit aussi d'une fenêtre ouverte sur la société. Autrefois relégués au second plan, les scènes de genre, les portraits et les paysages cohabitent désormais avec les sujets religieux.

Cette recherche de vérité est rendue possible grâce à l'utilisation de la peinture à l'huile, qui remplace peu à peu la tempera (peinture à l'eau liée avec du jaune d'œuf). Perfectionnée par Jan Van Eyck, cette technique offre l'avantage de sécher lentement, ce qui permet à l'artiste de retoucher plusieurs fois son œuvre afin d'en corriger les moindres imperfections. Elle amène par ailleurs de nouveaux effets de lumière et de texture qui donnent aux objets et aux visages un réalisme saisissant. Les peintres flamands passent ainsi maîtres dans le rendu des matières, des tissus, des étoffes et des fourrures, et dans l'expression des sentiments des personnages. Ces différentes innovations picturales exerceront un impact considérable sur les artistes hollandais du XVIᵉ siècle, qui chercheront à préserver l'héritage de leurs aînés.

LA GUILDE DE SAINT-LUC

La guilde de Saint-Luc tire son nom de l'évangéliste saint Luc, considéré comme le saint patron des peintres. Il s'agit d'une corporation d'artistes conçue sur le modèle des guildes marchandes présentes dès le XIVᵉ siècle dans plusieurs pays d'Europe. Au XVIᵉ siècle, chaque métropole possède sa propre guilde. Celle d'Anvers jouit d'une importante renommée et regroupe plusieurs corps de métiers (peintres, miniaturistes, sculpteurs, verriers, imprimeurs), mais aussi des marchands d'art et des collectionneurs.

Pour intégrer la guilde, chaque artiste doit s'acquitter de frais d'admission. Son apprentissage dure en général six ans au cours desquels il est formé dans l'atelier d'un maître. À l'issue de sa formation, l'apprenti devient compagnon et doit présenter un chef-d'œuvre – travail réalisé seul selon les règles de la corporation et sous le contrôle d'un jury – pour obtenir le titre de maître. Devenu franc-maître, l'artiste a alors la possibilité de diriger un atelier. Son apprentissage s'achève en général par le traditionnel voyage en Italie (Venise, Florence, Rome), rendu obligatoire à la fin du XVIe siècle.

Outre sa vocation première de transmission du savoir, la guilde est un acteur indispensable du marché de l'art, car elle permet de mettre en relation les artistes avec leurs commanditaires et de certifier la qualité des œuvres de la corporation. À Anvers, les tableaux de la guilde sont frappés au revers d'une marque au fer rouge représentant deux mains ouvertes.

BIOGRAPHIE

LA PEINTURE, UNE VOCATION FAMILIALE

L'activité artistique des Bruegel s'étend du milieu du XVIᵉ au début du XVIIIᵉ siècle et exerce une influence considérable sur la peinture flamande de l'époque. Pas moins de quatre générations de peintres se succèdent : Pieter Bruegel dit l'Ancien ; son fils aîné Pieter Bruegel II dit le Jeune (1564-1638) ; son fils cadet Jan I Bruegel dit l'Ancien ou de Velours (1568-1625) ; ses petits-fils Jan Bruegel II dit le Jeune (1601-1678) et Ambrosius (1617-1675) ; ses arrière-petits-fils Jan Pieter (avant 1628-1664), Abraham (1631-1697) et Jan-Baptist (avant 1647-1719). Mais la famille Bruegel est également associée par alliance à une autre famille de peintres, les Kessel, dont Jan van Kessel dit l'Ancien (1626-1679), petit-fils de Jan Bruegel l'Ancien, est le principal représentant. Son fils aîné, Jan van Kessel dit le Jeune (1654-1708), officiera comme peintre à la cour de Charles II d'Espagne (1661-1700).

Ainsi, chez les Bruegel, la peinture est une histoire de famille. Pieter Bruegel l'Ancien, le père fondateur et le plus illustre membre de la dynastie, est formé par son futur beau-père, Pieter Coecke van Aelst (1502-1550), un célèbre architecte et peintre italianisant, doyen de la guilde de Saint-Luc à Anvers. Sa belle-mère, Mayken Verhulst (1518-1599) est également une artiste de renom, spécialisée dans la miniature et l'aquarelle. Mais le patriarche meurt trop tôt pour pouvoir former ses deux jeunes fils. Bruegel le Jeune apprend alors le métier en copiant les œuvres de son défunt père, tandis que Bruegel de Velours est initié à l'art par sa grand-mère maternelle et devient un maître incontesté de la peinture florale.

LE VOYAGE EN ITALIE

On connaît peu de choses de la vie de Bruegel l'Ancien. Les seules données factuelles nous sont rapportées par son premier biographe, Karel van Mander (1548-1606), dans son *Livre des peintres* (1604), un ouvrage composé de biographies d'artistes sur le modèle des *Vies des meilleurs peintres, sculpteurs et architectes italiens* (1550 et 1568) de Giorgio Vasari (1511-1574).

Pieter Bruegel serait né dans le village aujourd'hui disparu de Bruegel, dont il prit le nom, près de la ville de Bréda, située dans le Brabant-Septentrional, au sud des Pays-Bas actuels. Sa date de naissance est incertaine, mais les historiens s'accordent pour la fixer entre 1525 et 1530. Il effectue son apprentissage dans l'atelier de Pieter Coecke van Aelst et, en 1551, « Peeter Brueghels » est inscrit, sous cette orthographe, au registre de la guilde d'Anvers en qualité de franc-maître.

L'année suivante, le peintre entreprend un long voyage en Italie. Le témoignage de Karel van Mander et les dessins que Bruegel nous a laissés permettent de retracer son itinéraire. L'artiste traverse la France (Lyon) et l'Autriche (Vienne) avant d'atteindre l'Italie du Nord, puis descend jusqu'à Rome pour enfin rejoindre la Sicile en passant par Naples. La traversée des Alpes le marque particulièrement. En 1553, il fait la connaissance à Rome de l'enlumineur et miniaturiste Giulio Clovio (1498-1578), avec lequel il se lie d'amitié et réalise quelques travaux.

LA CARRIÈRE ANVERSOISE

De retour à Anvers en 1554, Bruegel l'Ancien entre dans l'atelier *Aux quatre vents* (*In de Vier Winden*) du peintre, graveur et humaniste Jérôme Cock (vers 1518-1570), haut lieu de la vie culturelle anversoise. Ce dernier est spécialisé dans la diffusion de gravures. Pour répondre à une forte demande du marché, Bruegel réalise plusieurs dessins d'après les œuvres de Jérôme Bosch (*La Tentation de saint Antoine*, *Dulle Griet*, *La Patience*, *Les Sept Péchés capitaux*, etc.), mais il collabore également à un recueil de gravures, *Les Grands Paysages* (1555), et participe à d'autres projets, dont deux suites gravées représentant *Les Sept Péchés capitaux* (1557) et *Les Sept Vertus* (1558). L'artiste travaille dans cet atelier pendant près de dix ans, et il y côtoie les intellectuels, les humanistes et les artistes les plus réputés de son temps. Il devient notamment proche de l'imprimeur Christophe Plantin (vers 1520-1589) et du cartographe Abraham Ortelius (1527-1598). Ce n'est qu'à partir de 1557 qu'il se consacre pleinement à la peinture. Il exécute alors des commandes pour de nombreux mécènes, dont le marchand Hans Frankert, qui devient un ami proche, le marchand d'art et banquier Nicolas Jonghelinck (vers 1517-1570) et Nicolas Perrenot de Granvelle (1486-1550), premier conseiller de Charles Quint.

Après un probable séjour à Amsterdam en 1562, Bruegel quitte Anvers pour Bruxelles à la demande de sa future belle-mère, Mayken Verhulst. Il s'installe dans le quartier des Marolles et se marie avec Mayken Coecke van Aelst, la fille de son premier maître. Son fils aîné, Pieter, naît en 1564, suivi de son frère Jan en 1568. Bruegel meurt un an plus tard, en 1569, et est inhumé à l'église Notre-Dame de la Chapelle à Bruxelles.

BRUEGEL « LE DRÔLE »

Bruegel est réputé pour être un homme calme et discret, mais irrésistiblement drôle, joueur et taquin, doté d'un esprit vif et espiègle. On le surnomme « le drôle », car il prend « plaisir à terrifier les gens, ses élèves notamment, par des histoires de revenants et des bruits surnaturels » (MANDER (Karel van), *Le Livre des peintres*, traduction, notes et commentaires par Henri Hymans, Paris, J. Rouam, 1884, p. 302). Avec son ami Hans Frankert, il aime s'inviter secrètement à certaines fêtes de village, où ils endossent l'habit de paysan et se comportent comme des membres de la famille. Ce n'est donc pas anodin si on retrouve une touche comique dans ses peintures, qui témoignent en effet de sa formidable capacité à faire rire et à dédramatiser n'importe quelle situation.

CARACTÉRISTIQUES

L'ŒUVRE D'UNE COURTE VIE

L'activité artistique de Bruegel l'Ancien s'étend sur une courte période allant de 1551, année de son inscription à la guilde de Saint-Luc, à sa mort en 1569. Une petite vingtaine d'années qui se révèlent pourtant décisives pour l'histoire de la peinture hollandaise du XVIe siècle.

L'œuvre peint de Bruegel ne regroupe en réalité qu'un petit nombre de peintures authentifiées avec certitude. La production de l'artiste n'a cessé d'attiser la curiosité des historiens d'art et s'est fréquemment heurtée à des problèmes d'attribution. Établir un catalogue raisonné du maître hollandais n'est pas chose aisée en raison des innombrables copies qui ont été réalisées par ses fils et ses nombreux suiveurs. *La Chute d'Icare* (1588), conservée aux musées royaux des Beaux-Arts de Belgique à Bruxelles, a notamment fait couler beaucoup d'encre, mais il est désormais admis qu'il s'agit d'une copie d'une œuvre disparue de l'artiste.

Une quarantaine de tableaux sont aujourd'hui indiscutablement attribués à Bruegel. La première peinture signée et datée de la main du maître, *Le Christ et les Apôtres au lac de Tibériade*, date de 1553. Mais il semble que l'artiste ne commence réellement son activité de peintre qu'en 1557. En 1559, il supprime le « h » de sa signature et signe ses toiles du nom de « BRUEGEL » suivi de leur date de création. Sa technique de prédilection est la peinture à l'huile sur support de bois, mais il lui arrive de réaliser des *Tüchlein*.

Son œuvre de dessinateur et de graveur est, en revanche, plus prolifique. Les dix années passées dans l'atelier de Jérôme Cock à Anvers sont particulièrement productives. Mais là encore, en ce qui concerne ses dessins, beaucoup d'entre eux ont été réattribués au fil du temps à d'autres artistes. On dénombre tout de même une centaine de dessins de sa main.

UN STYLE SINGULIER, ENTRE HÉRITAGE ET INNOVATION

De son vivant, Bruegel est décrit comme le « nouveau Jérôme Bosch », un sérieux compliment compte tenu de l'immense popularité dont jouit son prédécesseur à cette époque. Nul doute que le traitement original de certains thèmes religieux ou mythologiques par l'artiste en fait le digne héritier des diableries de Bosch. Au début du XVIᵉ siècle, ce dernier mêle bestiaire fantastique et simples mortels au sein de grandes scénographies audacieuses (*La Tentation de saint Antoine*, *Le Jardin des délices*, etc.) centrées sur le thème du péché et de la damnation, dans lesquelles le mal est représenté sous ses aspects les plus diaboliques.

On retrouve la même théâtralisation de la mort dans certaines œuvres de Bruegel, par exemple dans *Le Triomphe de la mort*, peinte en 1562. La composition minutieusement détaillée, caractéristique incontestée de l'art de Bosch, œuvre au service d'une violente allégorie de la mort représentée sous toutes ses formes (meurtre, suicide, maladie, guerre). Comme son aîné, Bruegel aime dépeindre l'absurdité de la condition humaine dans d'étonnantes mises en scène fantasmagoriques. De 1562 à 1567, il réalise plusieurs sujets d'inspiration boschienne. *La Chute des anges rebelles* (1562), qui représente un épisode tiré de l'*Apocalypse*, rappelle le panneau central du triptyque du *Jugement dernier* (vers 1492) de son compatriote. Cette peinture s'inscrit également dans une démarche humaniste déjà amorcée par Bosch 50 ans plus tôt et qui s'intéresse à la place de l'homme dans l'univers. En représentant le Soleil au centre de la composition dans un mouvement d'ensemble rotatif, Bruegel fait suite aux récentes découvertes de la Renaissance, notamment à la théorie de l'héliocentrisme (le Soleil est au centre de l'univers et la Terre tourne autour de lui) développée par l'astronome Nicolas Copernic (1473-1543).

Mais Bruegel n'est pas seulement le successeur de Jérôme Bosch. De manière générale, certaines de ses œuvres s'inscrivent dans la tradition iconographique des primitifs flamands, tout en présentant une modernité propre au peintre anversois. Son style s'affranchit de la lourdeur gothique plus nettement que celui de ses prédécesseurs, offrant une approche encore plus libre du langage pictural où règnent simplicité des formes et luminosité. L'originalité majeure de Bruegel réside cependant dans le grand dynamisme de ses compositions : il dispose ses scènes comme une succession d'instantanés dans lesquels il met à profit ses talents narratifs. Dans cet apparent désordre anarchique où l'infiniment grand côtoie l'infiniment petit dans une vision synthétique de l'univers, des centaines de personnages fourmillent sur un seul plan sans horizon, conférant au spectateur la position omnisciente du créateur. Si Bosch usait déjà d'une telle scénographie dans ses étonnantes fresques religieuses, c'est avec une réelle nouveauté que Bruegel la met au service de sujets profanes qu'il puise directement dans la vie quotidienne.

« PAYSAN BRUEGEL »

Bruegel, contrairement à d'autres peintres de son époque (Pieter Coecke van Aelst ; Maarten de Vos, 1532-1603 ; Frans Floris, 1520-1570, etc.), ne succombe pas à la mode italianisante. Solidement attaché à ses racines hollandaises, il se fait fort de représenter la société flamande du XVIᵉ siècle dans ce qu'elle a de plus pittoresque et de plus anecdotique. Son attention aux détails, aux costumes et aux accessoires du quotidien en fait en outre un grand observateur de la nature humaine. Mais le paysage occupe également une place prépondérante dans son œuvre. Sensibilisé, suite à son voyage en Italie, à une nature puissante et souveraine, à son retour, il choisit de placer le paysage au premier plan de ses compositions, reléguant parfois l'être humain à la seconde place (*Paysage d'hiver avec patineurs et trappe aux oiseaux*, 1565). Toutefois, loin de n'être qu'un simple figurant, l'homme occupe toujours une position privilégiée dans l'iconographie bruegélienne.

Le maître hollandais est le premier peintre à accorder de l'importance au monde rural, ce qui lui vaut le surnom de « paysan Bruegel ». L'artiste excelle dans la représentation du folklore local et des mœurs paysannes (*Le Paysan et le Voleur de nid*, 1568). Ses virées dans les kermesses et les fêtes de village avec son ami Hans Frankert lui inspirent des situations comiques et cocasses (*La Danse de la mariée en plein air*, 1566 ; *La Danse des paysans*, 1568 ; *Le Repas de noces*, vers 1568). Et c'est avec une étonnante modernité qu'il traite certains sujets religieux à la manière de faits divers, représentant les personnages en costume local (*La Prédication de saint Jean-Baptiste*, 1566 ; *L'Adoration des mages dans un paysage d'hiver*, 1567). Mais derrière son apparente légèreté et sa joyeuse trivialité, le sujet populaire revêt chez Bruegel un caractère moralisant, le plus souvent traduit sous forme allégorique. *Les Proverbes flamands* (1559), *Le Combat de Carnaval et Carême* (1559) ou encore *Les Jeux d'enfants* (1560) sont autant de constructions gigognes qui renferment plusieurs niveaux de lecture.

SÉLECTION D'ŒUVRES

LE COMBAT DE CARNAVAL ET CARÊME

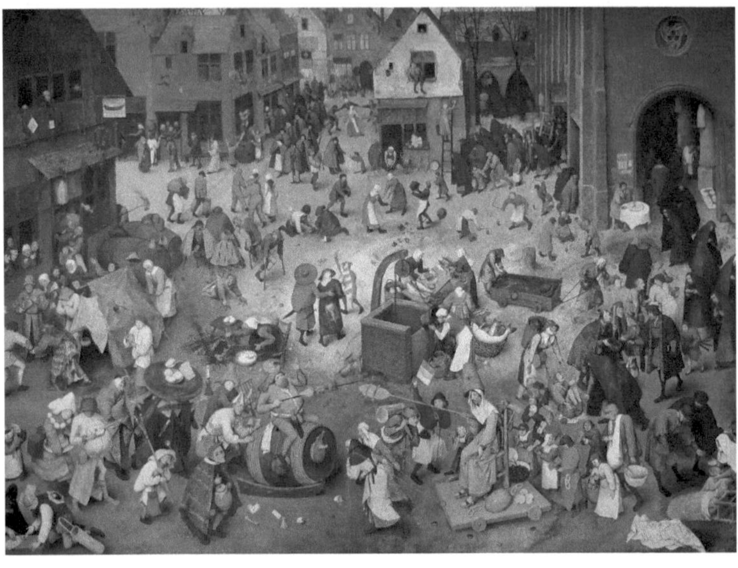

Le Combat de Carnaval et Carême, 1559, huile sur bois, 118 x 164 cm, Vienne, Kunsthistorisches Museum.

Réalisé à Bruxelles en 1559, *Le Combat de Carnaval et Carême* est l'un des premiers tableaux signés de la main de l'artiste et il est particulièrement emblématique de l'art de Bruegel. La scène qui se déroule au premier plan annonce d'emblée le sujet : il s'agit d'une joute symbolique menée par deux groupes opposés (Carnaval et Carême) représentant le passage du Mardi gras au mercredi des Cendres.

Dans la croyance catholique, le Mardi gras marque la fin d'une période de sept jours « gras » pendant laquelle les fidèles ont le droit de manger de la viande. Le lendemain, le mercredi des Cendres, inaugure le début du Carême, un jeûne de 40 jours au cours duquel seul le poisson est autorisé. Le Carnaval (qui signifie littéralement « l'entrée en carême ») désigne cette période festive de transition propice à tous les excès. Sur un chariot en forme de tonneau de vin, un homme à la silhouette bedonnante brandit une fourche de viande vers une femme squelettique munie d'un rameau d'olivier et d'une pelle de bois sur laquelle repose deux harengs. Personnifications du vice et de la vertu, ces deux allégories sont accompagnées d'une quantité d'autres allusions symboliques aux jours « gras » et aux jours « maigres ».

La composition est scindée en deux dans la diagonale. La partie inférieure gauche représente le monde du péché et les excès précédant le Carême. La partie supérieure droite préfigure la restriction du jeûne et l'austérité des jours à venir. L'auberge, symbole de débauche, fait face à l'église, imposante et austère. Selon une vision manichéenne du monde, Bruegel brosse le portrait d'une société partagée entre la tentation des plaisirs terrestres (fête, beuverie, ripaille, mascarades, jeux de hasard) d'une part et l'observance religieuse (prière et aumône) d'autre part.

Véritable poumon du village, la place du marché, avec son puits central, est le théâtre de tous les contrastes. La société y est représentée dans toute sa diversité (riches, pauvres, commerçants, mendiants, religieux, danseurs, musiciens, etc.) et dans toute son absurdité. Car en réalité, c'est à une allégorie de la folie que Bruegel nous convie ici, comme l'attestent plusieurs détails disséminés à travers la toile. Ainsi, au centre du tableau, on trouve notamment un couple de personnages guidé par un fou à la bougie allumée en plein jour, symbole d'un comportement dérangé. Le fou est un personnage important aux yeux des humanistes : reflet inversé du monde, il dénonce les comportements déviants des hommes. Aujourd'hui, si le tableau de Bruegel a perdu sa valeur moralisatrice, il reste une source iconographique rare et précieuse au sujet des traditions, de l'architecture et des costumes du XVIe siècle.

LES PROVERBES FLAMANDS

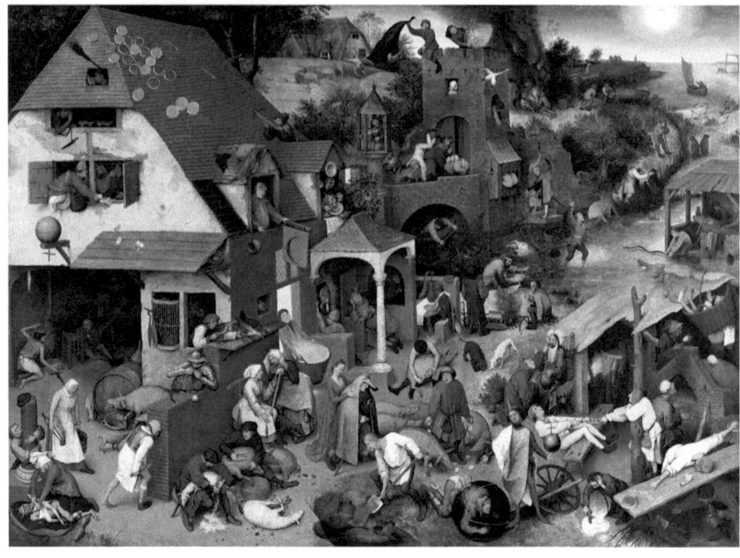

Les Proverbes flamands, 1559, huile sur bois, 117 x 163 cm, Berlin, Gemäldegalerie.

Tableau construit sur le modèle du précédent et probablement peint la même année, en 1559, *Les Proverbes flamands*, aussi appelé *La Huque bleue*, *Les Abus du monde* ou *Le Monde renversé*, est l'une des œuvres les plus connues du maître. Il en existe une vingtaine de copies, dont dix exécutées dans l'atelier de son fils, Bruegel le Jeune. On retrouve en outre ce thème cher au peintre dans une série de 12 médaillons individuels peints sur bois (*Les Douze Proverbes*, 1558).

Dans ce tableau, l'espace est envahi par une centaine d'illustrations de proverbes et de dictons flamands parmi lesquels : « Être mariés sous le balai » (vivre en concubinage), « Les galettes poussent sur le toit » (vivre dans l'abondance), « Regarder à travers ses doigts » (laisser dire), « Faire la barbe au fou sans savon » (profiter de la sottise d'autrui), « Faire brûler un cierge pour le diable » (demander des faveurs à ses ennemis), etc. Au centre de la composition, une femme est « couverte d'un manteau bleu » en signe d'infidélité, un épisode qui donna son autre nom au tableau : *La Huque bleue*. Plusieurs expressions représentées sont encore utilisées à l'heure actuelle, telles que « se taper la tête contre le mur », « nager à contre-courant » ou encore « mettre des bâtons dans les roues ». Par sa capacité à solliciter l'imagination, le proverbe se prête bien à sa traduction picturale. Mis en image, il revêt parfois un caractère comique. C'est le cas de l'homme pressé, au fond à gauche de la composition, courant à travers champ « le feu au derrière ».

Ici encore, il semblerait que Bruegel n'ait pas seulement souhaité représenter une simple accumulation de proverbes sans rapport direct les uns avec les autres. En dépeignant un monde dépourvu de toute logique, l'artiste attire une fois de plus l'attention du spectateur sur la folie humaine. Il condamne les dérives de ses contemporains à travers la représentation des principaux vices que sont la bêtise, le mensonge, la trahison, l'orgueil, l'aveuglement ou la mauvaise foi.

À première vue, la composition d'ensemble rappelle la technique de Jérôme Bosch, dans la finesse du dessin et le recours à une palette chromatique dominée par les tons ocre et mordorés. Néanmoins, elle est très éloignée des réalisations de son compatriote dans le choix du sujet et la liberté accordée à la ligne.

LA TOUR DE BABEL

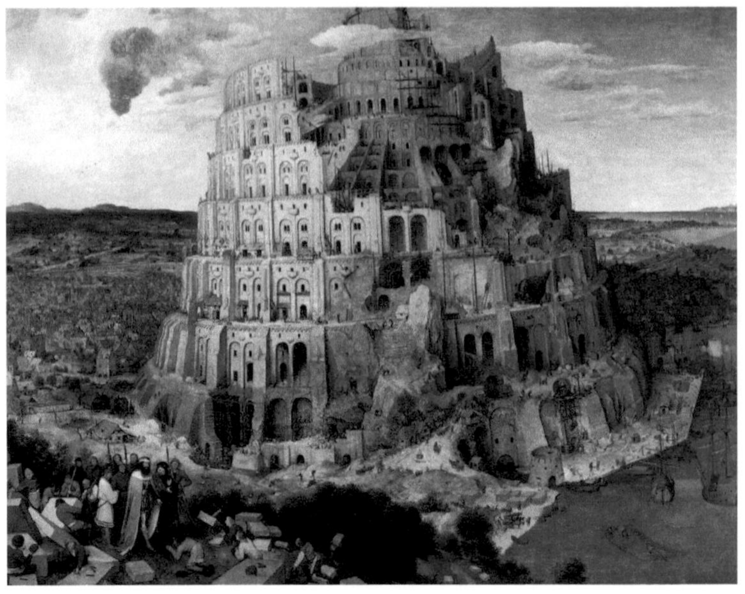

La Tour de Babel, 1563, huile sur bois, 114 x 155 cm, Vienne, Kunsthistorisches Museum.

L'histoire de la Tour de Babel prend sa source dans le récit biblique de la *Genèse*. Après le Déluge, les premiers hommes choisissent de s'établir dans la plaine de Shinar, aux alentours de Babylone, où ils édifient une immense tour dont le but est d'atteindre les cieux. Découvrant cet ouvrage aussi ambitieux que prétentieux, Dieu punit leur arrogance en brouillant leur langage afin qu'ils ne se comprennent plus et les disperse à travers la Terre, laissant la tour inachevée.

Chef-d'œuvre absolu de Bruegel, *La Tour de Babel* est un véritable tour de force pictural. Hors normes, ce majestueux édifice frappe tout d'abord par son gigantisme : Bruegel a joué sur les proportions en miniaturisant la ville et ses habitants, qui apparaissent ridiculement petits face à l'immense colosse de pierre. En souvenir de son séjour romain, l'artiste a calqué la structure de son édifice sur celle du Colisée. Ce tableau est d'ailleurs la seule œuvre italianisante du peintre. Cette influence méridionale se retrouve également dans la place que prend le motif architectural dans la composition, lequel est d'ordinaire peu mis en valeur par les peintres flamands à cette époque. Mais contrairement à l'amphithéâtre antique où chaque élément possède une réelle fonction architecturale, l'organisation structurelle de sa tour défie toute logique mathématique. Déclinés à l'infini, les arcs en plein cintre se succèdent et s'enchevêtrent dans un mouvement elliptique sans but.

L'inanité du projet ne semble pas perturber les centaines d'ouvriers qui œuvrent à sa création. Le spectateur attentif pourra ainsi observer une multitude de minuscules détails au réalisme surprenant (échafaudages, poulies, leviers, cordes, échelles). Au premier plan à gauche, Nemrod, le roi constructeur de la tour, obnubilé par sa soif de pouvoir, se balade sur le chantier, inconscient du désastre à venir. Vouée à l'échec dès sa conception, l'imposante tour illustre les dangers de l'orgueil humain. Mais en réalisant ce tableau d'une grande dextérité technique, symbole de sa suprématie en tant qu'artiste, Bruegel s'est pris à son propre jeu. Comme les hommes de Nemrod, il a péché par vanité.

UNE AUTRE TOUR DE BABEL

Bruegel a peint une autre Tour de Babel aux dimensions plus petites (94 x 74 cm), aujourd'hui conservée au musée de Rotterdam. Dans cette deuxième version, l'artiste a laissé la part belle à l'édifice en supprimant les personnages du premier plan, insistant davantage sur l'architecture monumentale de la tour. Sombre et massive, celle qu'on surnomme la « petite Tour de Babel » ne possède pas l'éclat solaire de la première version.

LES CHASSEURS DANS LA NEIGE

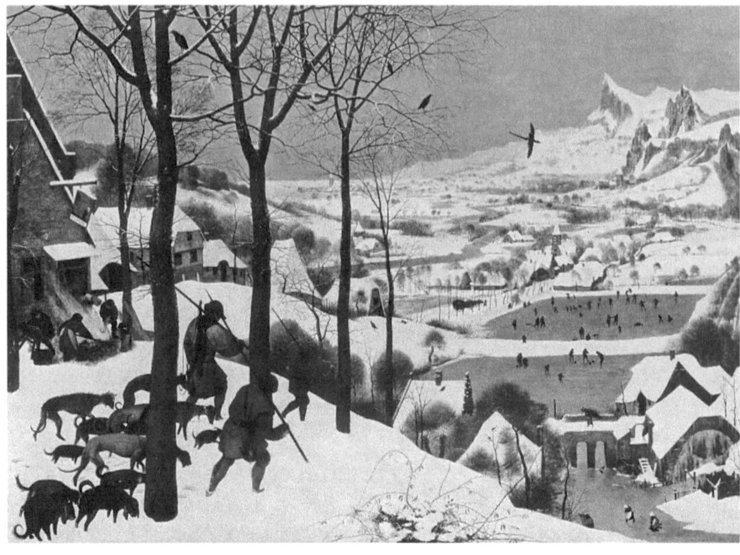

Les Chasseurs dans la neige, 1565, huile sur bois, 117 x 162 cm, Vienne, Kunsthistorisches Museum.

Ce tableau fait partie du cycle des saisons (ou mois) commandité en 1565 par le marchand Nicolas de Jonghelinck, fervent collectionneur de l'artiste (dont il possédait 16 toiles). On ne connaît que cinq toiles de cette série de peintures : *La Fenaison* (juin-juillet), *La Moisson* (août-septembre), *La Rentrée des troupeaux* (octobre-novembre), *Les Chasseurs dans la neige* (décembre-janvier) et *La Journée sombre* (février-mars).

Les Chasseurs dans la neige décrivent une journée d'hiver classique au sein d'une bourgade enneigée. À gauche de la composition, les chasseurs reviennent de la chasse avec le fruit de leur travail sur le dos, suivis par une meute de chiens épuisés. Le reste de la ville s'affaire à ses occupations : les femmes préparent le feu, tandis que les enfants jouent sur le lac glacé. La fumée des cheminées danse à travers la neige, qui couvre les toits de son épais manteau blanc. La luminosité du tableau provient du fort contraste des couleurs. Ainsi, les tons sombres (la silhouette des chasseurs, le pelage des chiens, les arbres et les oiseaux) s'opposent violemment à la blancheur de l'ensemble.

Bruegel représente la neige avec une incroyable vérité, proposant d'infinies nuances de blanc qui reflètent subtilement la lumière feutrée de la fin de journée. L'angle de vue choisi, en plongée, conduit directement le spectateur au cœur du village, le conviant à prendre part aux activités de ses habitants. Fidèle au genre populaire, Bruegel peint ici une scène d'hiver en toute simplicité sans se douter que son tableau deviendra, plusieurs siècles plus tard, le paysage enneigé le plus célèbre de l'histoire de l'art.

BRUEGEL L'ANCIEN, UNE SOURCE D'INSPIRATION

PASTICHES, IMITATIONS ET COPIES, UN MARCHÉ LUCRATIF

L'engouement pour l'art de Bruegel s'intensifie à la fin du XVIᵉ siècle, et l'on voit alors naître toutes sortes d'imitateurs. La notoriété de l'artiste est telle que, pour satisfaire une demande de plus en plus forte de la part des collectionneurs, Pieter Bruegel le Jeune et Jan Bruegel l'Ancien réalisent plusieurs copies d'après les œuvres de leur père. Aussi une grande partie des Bruegel exposés aujourd'hui dans le monde entier émanent-ils de leur atelier. D'autres copies anonymes ornent les musées, et certaines d'entre elles constituent l'unique témoignage d'une composition perdue de l'artiste (*La Chute d'Icare*, par exemple).

Pâles copistes ou imitateurs de génie, de nombreux peintres adoptent le style de Bruegel. Marten van Cleve (1527-1581), Pieter Balten (1527-1584) ou encore Pieter van der Borcht (vers 1540-1608) suivent les traces du maître hollandais en proposant des compositions plus ou moins réussies. Si certaines attributions ne laissent aucun doute, d'autres, au contraire, sont contestables. Au milieu du XVIᵉ siècle, un artiste anonyme connu sous le nom de « maître des petits paysages » réalise une vingtaine de dessins à la plume dont les gravures sont publiées en deux séries par Jérôme Cock entre 1559 et 1561. Longtemps considérés comme étant de Bruegel, ces dessins sont aujourd'hui attribués à un imitateur.

LE DÉNOMBREMENT DE BETHLÉEM

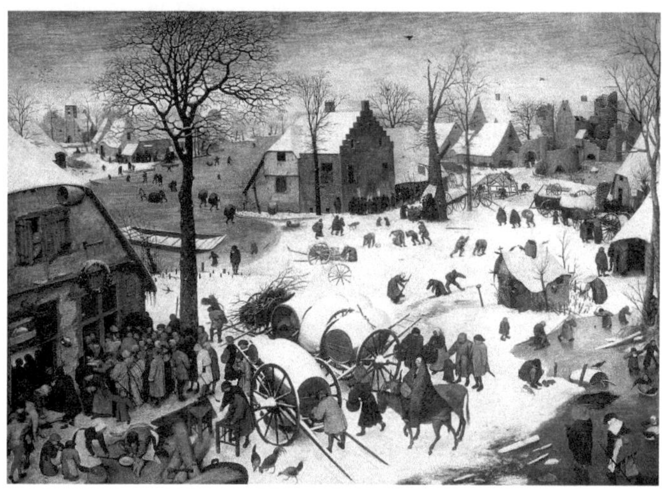

Bʀᴜᴇɢᴇʟ (Pieter, dit l'Ancien), *Le Dénombrement de Bethléem*, 1566, huile sur bois, 115,5 x 163,5 cm, Bruxelles, musées royaux des Beaux-Arts de Belgique.

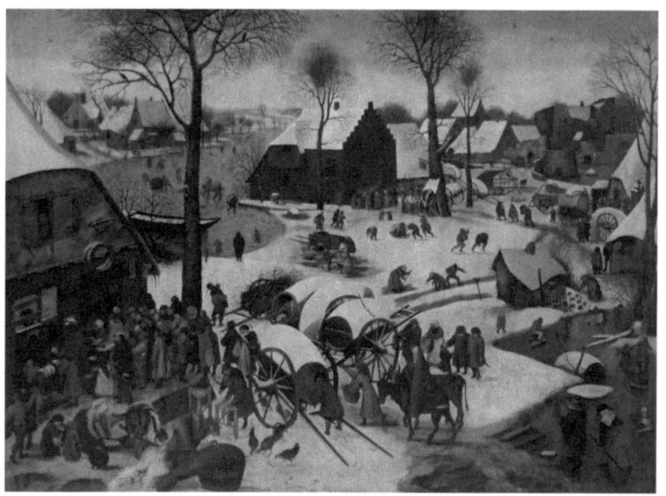

Bʀᴜᴇɢᴇʟ (Pieter, dit le Jeune), *Le Dénombrement de Bethléem*, 1610, huile sur bois, 123 x 168 cm, Bruxelles, musées royaux des Beaux-Arts de Belgique.

Quand Bruegel l'Ancien meurt en 1569, son fils aîné n'est âgé que de cinq ans. Il s'initie alors à la peinture en copiant les œuvres paternelles et devient rapidement un peintre de renom. Surnommé Bruegel d'Enfer, en raison de ses choix picturaux tournés vers les diableries, l'artiste a néanmoins peint une quantité d'autres sujets au charme bucolique et champêtre.

Le Dénombrement de Bethléem (1610), appelé aussi *Le Paiement de la dîme*, est la copie d'une huile sur bois réalisée par son père en 1566. Les musées royaux des Beaux-Arts de Belgique conservent à la fois l'original de Bruegel l'Ancien, ainsi que l'une des copies de son fils – Bruegel le Jeune réalisa en effet une dizaine de versions de cette œuvre. La scène se réfère à un passage de l'*Évangile selon saint Luc*, dans lequel l'empereur Auguste organise le premier recensement de la population : chaque citoyen doit se rendre dans sa ville natale pour s'inscrire sur le registre. Joseph et Marie arrivent à Bethléem, en Judée, près d'une auberge où s'amassent les villageois venus se faire enregistrer. Reconnaissable par son long manteau bleu, la Vierge porte dans ses bras l'enfant Jésus qui, selon la tradition, est né au cours du voyage. La présence d'un groupe de soldats au fond à droite fait référence au massacre des Innocents ordonné par le roi Hérode lors du dénombrement (un épisode également peint par Bruegel et copié par son fils).

L'artiste transpose ici le récit biblique en une scène de la vie quotidienne hollandaise au XVIᵉ siècle, dans une composition caractéristique du style bruegélien. Sous les traits d'un petit village flamand enneigé, la cité palestinienne a perdu son charme oriental. De nombreuses saynètes paysannes sont dispersées à travers la toile, mêlant intimement sujets religieux et profanes. L'ange de vue est autant insolite qu'audacieux. Pour la première fois dans l'histoire de l'art occidental, un artiste place un sujet religieux au sein d'une peinture de paysage, et non l'inverse. Jusque-là, le paysage n'apparaissait qu'en arrière-plan. Bien que très proche de son modèle, la copie recèle quelques différences dans le cadrage, le choix des couleurs ou la disposition de certains personnages. Bruegel le Jeune a choisi une tonalité d'ensemble mordorée qui s'éloigne du réalisme de son père et plonge la scène dans une atmosphère plus dramatique.

BABEL, UNE TOUR À SUCCÈS

Le mythe de la Tour de Babel a donné lieu à de nombreuses interprétations artistiques. Si l'on connaît quelques représentations de la tour au Moyen Âge, notamment à travers des enluminures, c'est Bruegel qui lui donna une réelle identité visuelle.

En 1547, Cornelis Anthonisz (vers 1505-1553) réalise une gravure montrant la destruction de la tour par la colère divine. La physionomie de l'édifice, copiée sur celle du Colisée, se rapproche de l'architecture choisie par Bruegel, laissant penser que l'artiste hollandais connaissait cette représentation. Le sujet est populaire en Flandre à cette époque. Hendrik III van Cleve (1525-1589) reprend ce thème dans une version peinte datée de 1550. Contrairement à la gravure d'Anthonisz, le monument repose sous un soubassement de forme carrée.

Mais c'est le tableau de Bruegel qui achève de donner à la tour biblique son apparence définitive. Sa silhouette en spirale aux reflets dorés devient en effet indissociable du mythe dans l'imagerie collective. Elle inspire d'ailleurs de nombreux artistes hollandais des XVIe et XVIIe siècles tels que Lucas van Valckenborch (vers 1535-1597) ou Abel Grimmer (1570-1619), qui exécute plusieurs variations sur le thème de la Tour de Babel dans les années 1590. Plus récemment, la plasticienne d'origine argentine Marta Minujin (née en 1943) s'est inspirée de l'œuvre de Bruegel pour réaliser une installation éphémère d'une hauteur de 25 mètres, composée de 30 000 livres, à l'occasion de l'élection de Buenos Aires comme capitale mondiale du Livre en 2011.

- Pieter Bruegel l'Ancien est le premier représentant de la dynastie des Bruegel, une célèbre famille de peintres hollandais en activité aux XVIᵉ et XVIIᵉ siècles.

- Membre de la guilde de Saint-Luc d'Anvers, il se forme auprès de Pieter Coecke van Aelst et termine son apprentissage par un voyage en Italie.

- Bruegel débute sa carrière comme dessinateur chez un graveur anversois où il copie les œuvres de Jérôme Bosch et crée des compositions personnelles (*Les Grands Paysages*, *Les Sept Péchés capitaux*, *Les Sept Vertus*, etc.). En 1557, il se consacre pleinement à la peinture et exécute des commandes pour de nombreux mécènes.

- Ses premières œuvres sont fortement influencées par le style et les thèmes boschiens. Comme son compatriote, Bruegel s'intéresse à la place de l'homme au sein de l'univers et aime dépeindre l'absurdité de la condition humaine dans d'étonnantes mises en scène fantasmagoriques.

- Surnommé « Bruegel le drôle » ou « paysan Bruegel », l'artiste est connu pour son tempérament farceur et espiègle qu'il met au service de son thème favori, les scènes de genre populaire (*Le Combat de Carnaval et Carême*, *Les Proverbes flamands*, *Les Jeux d'enfants*, *Les Chasseurs dans la neige*, etc.). Mais derrière la fable amusante se cache souvent un message moral empreint de valeurs humanistes.

- Sa notoriété lui vaut rapidement de nombreux imitateurs, à commencer par ses deux fils, Pieter Bruegel le Jeune et Jan Bruegel l'Ancien, qui deviennent grâce à leurs copies les plus grands représentants du style bruegélien.

- *La Tour de Babel* (1563) fait partie des tableaux les plus célèbres du maître flamand et a inspiré de nombreux artistes jusqu'à nos jours.

POUR ALLER PLUS LOIN

SOURCES BIBLIOGRAPHIQUES

- ALLART (Dominique) et CURRIE (Christina), « Trompeuses séductions. *La Chute d'Icare* des musées royaux des Beaux-Arts de Belgique », in *CeROArt*, 2013.
- BIANCONI (Piero) et DE TOLNAY (Charles), *Tout l'œuvre peint de Bruegel l'Ancien*, Paris, Flammarion, 1968.
- *Fables du paysage flamand. Bosch, Brueghel, Bles, Bril*, catalogue d'exposition (Lille, palais des Beaux-Arts, 6 octobre 2012-14 janvier 2013), Paris, Somogy, 2012.
- GIBSON (Walter S.), *Bruegel*, New York, Thames and Hudson, 1985.
- GIOVANNI (André), *Pieter Brueghel, peintre de l'ordre naturel (1525-1569)*, Paris, Michel de Maule, 2014.
- *Le Guide des collections d'art ancien & d'art moderne. Musées royaux des Beaux-Arts de Belgique*, Bruxelles, Alice éditions, 1999.
- *Le Kunsthistorisches Museum de Vienne*, Vienne, Prestel, 2007.
- *Les Peintres témoins de leur temps. La dynastie Brueghel*, catalogue d'exposition (Paris, pinacothèque, 11 octobre 2013-16 mars 2014), Paris, pinacothèque, 2013.
- MARLIER (Georges), *Pierre Brueghel le Jeune*, Bruxelles, Robert Finck, 1969.
- MICHEL (Émile) et CHARLES (Victoria), *Les Brueghel*, New York, Parkstone, 2007.
- ROBERTS-JONES (Philippe), *Pieter Bruegel*, New York, Harry N. Abrams, 2002.
- VAN MANDER (Karel), *Le Livre des peintres*, traduction, notes et commentaires par Henri Hymans, Paris, J. Rouam, 1884.

SOURCES ICONOGRAPHIQUES

- BRUEGEL (Pieter, dit l'Ancien), *La Tour de Babel*, 1563, huile sur bois, 114 x 155 cm, Vienne, Kunsthistorisches Museum. La photo reproduite est réputée libre de droits.
- BRUEGEL (Pieter, dit l'Ancien), *Le Combat de Carnaval et Carême*, 1559, huile sur bois, 118 x 164 cm, Vienne, Kunsthistorisches Museum. La photo reproduite est réputée libre de droits.
- BRUEGEL (Pieter, dit l'Ancien), *Le Dénombrement de Bethléem*, 1566, huile sur bois, 115,5 x 163,5 cm, Bruxelles, musées royaux des Beaux-Arts de Belgique. La photo reproduite est réputée libre de droits.
- BRUEGEL (Pieter, dit l'Ancien), *Les Chasseurs dans la neige*, 1565, huile sur bois, 117 x 162 cm, Vienne, Kunsthistorisches Museum. La photo reproduite est réputée libre de droits.
- BRUEGEL (Pieter, dit l'Ancien), *Les Proverbes flamands*, 1559, huile sur bois, 117 x 163 cm, Berlin, Gemäldegalerie. La photo reproduite est réputée libre de droits.
- BRUEGEL (Pieter, dit le Jeune), *Le Dénombrement de Bethléem*, 1610, huile sur bois, 123 x 168 cm, Bruxelles, musées royaux des Beaux-Arts de Belgique. La photo reproduite est réputée libre de droits.

SOURCE COMPLÉMENTAIRE

- *Bruegel, le moulin et la croix*, film de Lech Majewski, avec Rutger Hauer, Charlotte Rampling et Michael York, Pologne et Suède, 2011.

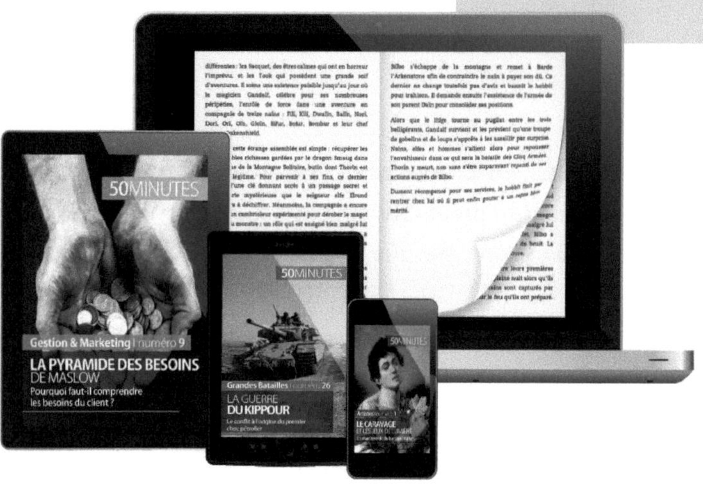

www.50minutes.com

Éditeur responsable : Lemaitre Publishing
Rue Lemaitre 4 | BE-5000 Namur
info@lemaitre-editions.com

ISBN ebook : 978-2-8062-5818-2
ISBN papier : 978-2-8062-5819-9
Dépôt légal : D/2015/12603/5
Photo de couverture : © *La Tour de Babel* (1563),
par Bruegel l'Ancien.

Conception numérique : Primento,
le partenaire numérique des éditeurs

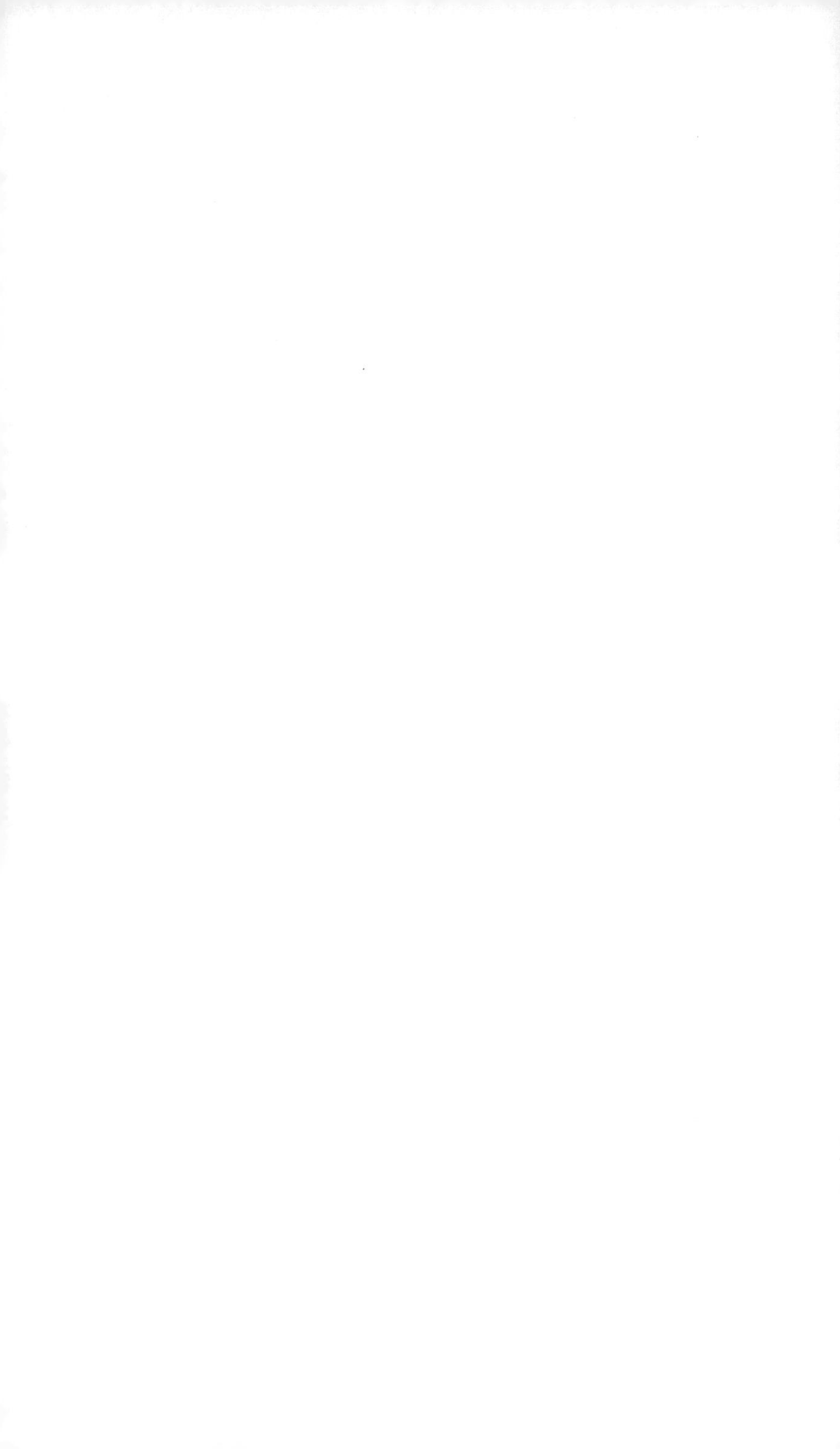